EVALUATION ET TARIF DES ESPECES, VAISSELLE ET MATIERES d'Or & d'Argent.

Fait & arrêté en la Cour des Monnoyes le 12. Janvier 1690.

A METZ,

Par JEAN & BRICE ANTOINE, Imprimeurs du Roy, & de Nosseigneurs de Parlement.

M. DC. XC.

EVALUATION ET TARIF

Du prix que le Roy veut & ordonne être payé aux Hôtels des Monnoyes, & par les Changeurs, suivant l'Edit du mois de Decembre dernier ; La Déclaration du quatorzieme du même mois : Et celle du troisiéme du present mois de Janvier, Regiſtrées en la Cour les quinze & vingt dudit mois de Decembre, & septiéme du present mois de Janvier, & dans les temps y portés, des Ecus d'Or & Piſtoles d'Eſpagne legeres, & autres Eſpeces décriées, Barres, Lingots, Ouvrages, Matieres, & Vaiſſelle d'Or & d'Argent, arrêté ſur le pied du poids & du titre deſdites Eſpeces & Matieres, & à proportion de l'augmentation du prix d'icelles, reglé par leſdits Edit & Déclarations.

ESPECES D'OR,

Dont le cours eſt permis par ledit Edit, juſqu'au dernier jour du mois d'Avril prochain.

ESCU D'OR.

LES Ecus d'Or, du poids de deux deniers quinze grains trebuchans, ont cours & feront pris pendant ledit temps pour la ſomme de 6. livres.

Et le demy pour celle de 5. liv.

Le Marc des legers, ſera payé aux Hôtels des Monnoyes & par les Changeurs, à raiſon de 433. liv. 17. ſols 7. deniers.

L'Once, 54. l. 4. f. 8. d. pite.
Le Gros, 6. l. 15. f. 7. d.
Le Denier, 2. l. 5. f. 2. d. pite.
Les douze Grains, 1. l. 2. f. 7. d.
Les six Grains, 11. f. 3. d. obole.
Le Grain, 1. f. 10. d. obole.

PISTOLES D'ESPAGNE.

La Piftole d'Efpagne, du poids de cinq deniers six grains trebuchans, aura cours pendant ledit temps pour 11. l. 12. f.
Le Marc des legeres, fera payé és Hôtels des Monnoyes, 420. l. 10. f.
L'Once, 52. l. 11. f. 3. d.
Le Gros, 6. l. 11. f. 4. d. obole, pite.
Le Denier, 2. l. 3. f. 9. d. obole.
Les douze Grains, 1. l. 1. f. 10. d. obole, pite.
Les six Grains, 10. f. 11. d. pite.
Le Grain l. f. 9. d. obole, pite.

ESPECES D'OR DÉCRIÉES.

ESCU VIEIL.

LA Piece du poids de trois deniers trebuchans , fera payée 7. l. 9. d. obole, pite.

FRANC A PIED, ET FRANC A CHEVAL.

La Piece du poids de deux deniers vingt grains trebuchans , fera payée 6. l. 13. f.
Le Marc des legeres, fera payée 450. l. 12. f. 11. d. pite.
L'Once, 56. l. 6. f. 7. d. pite.
Le Gros, 7. l. 9. d. obole, pite.

Le Denier, 2. l. 6. f. 11. d. pite.
Les douze Grains, 1. l. 3. f. 5. d. obole.
Les fix Grains, 11. f. 8. d. obole, pite.
Le Grain, 1. f. 11. d. pite.

LYS D'OR.

La Piece du poids de trois deniers trois grains trebuchans, fera
 payée 7. l. 3. f. 7. d.
Le Marc, 441. l. 2. f. 2. d. pite.
L'Once, 55. l. 2. f. 9. d. pite.
Le Gros, 6. l. 17. f. 10. d.
Le Denier, 2. l. 5. f. 11. d. pite.
Les douze Grains, 1. l. 2. f. 11. d. obole.
Les fix Grains, 11. f. 5. d. obole, pite.
Le Grain, 1. f. 10. d. obole, pite.

DOUBLE HENRY.

La Piece du poids de cinq deniers dix-fept grains, fera payée
 12. l. 15. f. 10. d. obole, pite.
Le Marc, 430. l. 7. f. 7. d.
L'Once, 53. l. 15. f. 11. d. pite.
Le Gros, 6. l. 14. f. 5. d. obole, pite.
Le Denier, 2. l. 4. f. 9. d. obole, pite.
Les douze Grains, 1. l. 2. f. 4. d. obole, pite.
Les fix Grains, 11. f. 2. d. obole.
Le Grain, 1. f. 10. d. pite.

ESPECES ÉTRANGERES.

NOBLE A LA ROSE.

Du poids de fix deniers trebuchans, fera payée 14. l. 1. f. 7. d. obole,
 pite.

NOBLE HENRY.

Du poids de cinq deniers dix grains trebuchans, fera payé 12. l. 4. f.
3. d. pite.

ANGELOT D'ANGLETERRE.

Du poids de quatre deniers trebuchans, fera payé 9. l. 7. f. 9. d.

SALUT D'ANGLETERRE.

Du poids de deux deniers dix-fept grains trebuchans, fera payé
6. l. 7. f. 1. d. obole.

Et pour le Marc defdites Efpeces, fera payé pareille fomme que
celle du Marc des Ecus vieux, & Francs à pied & à cheval,
anciennes Monnoyes d'Or de France, cy-deffus expliquées.

DUCATS DE TOUTES SORTES,
& Squints de Venife.

La Piece du poids de deux deniers dix-fept grains trebuchans,
fera payée 6. l. 6. f. 1. d.

Le Marc, 447. l. 1. f. 4. d. obole, pite.

L'Once, 55. l. 17. f. 8. d.

Le Gros, 6. l. 19. f. 8. d. obole.

Le Denier, 2. l. 6. f. 6. d. obole, pite.

Les douze Grains, 1. l. 3. f. 3. d. pite.

Les fix Grains, 11. f. 7. d. obole.

Le Grain, 1. f. 11. d. obole, pite.

MILLERETS DE PORTUGAL,
à la longue & petite Croix.

La piece du poids de deux deniers dix-fept grains, fera payée

5. l. 18. f. 4. d. obole.
Le Marc, 419. l. 13. f.
L'Once, 52. l. 9. f. 1. d. obole.
Le Gros, 6. l. 11. f. 1. d. obole.
Le Denier 2. l. 3. f. 8. d. obole.
Les douze Grains, 1. l. 1. f. 10. d. pite.
Les six Grains, 10. f. 11. d.
Le Grain, 1. f. 9. d. obole, pite.

St ESTIENNE DE PORTUGAL.

Du poids de six deniers trebuchans, sera payé 13. liv. 9. den.
  pite.

PORTUGAISES.

Du poids de neuf deniers douze grains trebuchans, seront payées
la piece 20. l. 12. f. 11. d.

JACOBUS VIEUX D'ANGLETERRE.

Du poids de sept deniers vingt grains trebuchans , sera payé
  17. liv. 5. den. obole.

JACOBUS NOUVEAU D'ANGLETERRE.

Du poids de sept deniers deux grains trebuchans , sera payé
  15. liv. 7. f. 10. den. obole.

GUINEES.

La Piece du poids de six deniers douze grains trebuchans, sera
  payée 14. l. 2. f. 6. d. pite.

SOUVERAIN DE FLANDRE.

Du poids de huit deniers seize grains trebuchans , sera payé
18. l. 16. s. 8. d. pite.

ESCALIN AU LION.

Du poids de quatre deniers huit grains trebuchans , sera payé
9. l. 8. s. 4. d. pite.
Et le Marc desdites Especes , 417. l. 5. s. 3. d. obole , pite.
L'Once , 52. l. 3. s. 1. d. obole , pite.
Le Gros , 6. l. 10. s. 4. d. obole , pite.
Le Denier , 2. l. 3. s. 5. d. obole.
Les douze Grains , 1. l. 1. s. 8. d. obole pite.
Les six Grains , 10. s. 10. d. pite.
Le Grain , 1. s. 9. d. obole.

PISTOLES D'ITALIE.

Du poids de cinq deniers quatre grains trebuchans , seront payées
la piece 11. l. 1. s. 4. d. pite.

ESCUS-PHILIPPES, ESCUS-REINE,
Ecus de Flandre.

La piece du poids de deux deniers quinze grains trebuchans , sera
payé 5. l. 12. s. 5. d. obole.

ALBERTUS DE FLANDRE.

Du poids de quatre deniers trebuchans , sera payé. 8. liv. 11. s.
4. den. obole.

Le Marc defdites Efpeces, fera payé 411. l. 6. f. 1. d.
L'Once, 51. l. 8. f. 3. d.
Le Gros, 6. l. 8. f. 6. d. pite.
Le Denier, 2. l. 2. f. 10. d.
Les douze Grains, 1. l. 1. f. 5. d.
Les fix Grains, 10. f. 8. d. obole.
Le Grain, 1. f. 9. d. pite.

FLORIN DU RHIN, ESCU DE LIEGE.

La Piece du poids de deux deniers quatorze grains trebuchant,
    fera payée 4. l. 12. f. 4. d. obole.
Le Marc, 343. l. 7. f.
L'Once, 42. l. 18. f. 4. d. obole.
Le Gros, 5. l. 7. f. 3. d. obole.
Le Denier, 1. l. 15. f. 9. d.
Les douze Grains, 17. f. 10. d.
Les fix Grains, 8. f. 11. d. pite.
Le Grain 1. f. 5. d. obole, pite.

BARRETONS, CULOTS, POUDRE DE GUINE'E,
Chaînes, gros & menus Ouvrages, & autres Matieres d'Or.

Le prix en fera payé fuivant les Titres cy-aprés.

Le Marc d'Or fin, à vingt-deux Karats, 457. l. 16. f.
L'Once, 57. l. 4. f. 6. d.
Le Gros, 7. l. 3. f. obole, pite.
Le Denier, 2. l. 7. f. 8. d. pite.
Les douze Grains, 1. l. 3. f. 10. d.
Les fix Grains, 11. f. 11. d.
Le Grain, 1. f. 11. d. obole, pite.

Le Marc , d'Or à vingt - trois Karats & demy , 448. livres
5. sols 3. deniers.
L'Once , 57. l. 7. d. obole , pite.
Le Gros , 7. l. obole , pite.
Le Denier, 2. l. 6. f. 8. d. pite.
Les douze Grains , 1. l. 3. f. 4. d.
Les six Grains , 11. f. 8. d.
Le Grain , 1. f. 11. d. pite.

Le Marc d'Or à vingt-trois Karats, 438. l. 14. f. 6. d.
L'Once, 53. l. 16. f. 9. d. obole , pite.
Le Gros , 6. l. 17. f. 1. d.
Le Denier, 2. l. 5. f. 8. d. pite.
Les douze Grains , 1. l. 2. f. 10. d. pite.
Les six Grains , 11. f. 5. d.
Le Grain, 1. f. 10. d. obole , pite.

Le Marc d'Or à vingt - deux Karats & demy , 429. livres 3. sols
9. deniers.
L'Once, 53. l. 12. f. 11. d. obole.
Le Gros, 6. l. 14. f. 1. d. pite.
Le Denier, 2. l. 4. f. 8. d. pite.
Les douze Grains, 1. l. 2. f. 4. d. pite.
Les six Grains, 11. f. 2. d.
Le Grain, 1. f. 10. d. pite.

Le Marc d'Or à vingt-deux Karats, 419. l. 13. f.
L'Once, 52. l. 9. f. 1. d. obole.
Le Gros, 6. l. 11. f. 1. d. obole.
Le Denier 2. l. 3. f. 8. d. obole.
Les douze Grains, 1. l. 1. f. 10. d. pite.
Les six Grains, 10. f. 11. d.
Le Grain, 1. f. 9. d. obole , pite.

Le Marc d'Or à vingt - un Karats & demy , 410. livres 2. fols
   3. deniers.
L'Once, 51. l. 5. f. pite.
Le Gros, 6. l. 8. f. 1. d. obole , pite.
Le Denier, 2. l. 2. f. 8. d. obole.
Les douze Grains, 1. l. 1. f. 4. d. pite.
Les fix Grains, 10. f. 8. d. pite.
Le Grain , 1. f. 9. d. pite.

Le Marc d'Or à vingt-un Karats , 400. l. 11. f. 6. d.
L'Once , 50. l. 1. f. 5. d. pite.
Le Gros, 6. l. 5. f. 2. d.
Le Denier, 2. l. 1. f. 8. d. obole, pite.
Les douze Grains, 1. l. 10. d. obole, pite.
Les fix Grains, 10. f. 5. d. pite.
Le Grain, 1. f. 8. d. obole, pite.

Le Marc d'Or à vingt Karats & demy, 391. liv. 9. deniers.
L'Once, 48. l. 17. f. 6. d. obole, pite.
Le Gros , 6. l. 2. f. 2. d. pite.
Le Denier, 2. l. 8. d. obole , pite.
Les douze Grains, 1. l. 4. d. pite.
Les fix Grains, 10. f. 2. d.
Le Grain, 1. f. 8. d. pite.

Le Marc d'Or à vingt Karats, 381. l. 10. f.
L'Once, 47. l. 13. f. 9. d.
Le Gros, 5. l. 19. f. 2. d. obole, pite.
Le Denier, 1. l. 19. f. 8. d. obole, pite.
Les douze Grains, 19. f. 10. d. pite.
Les fix Grains, 9. f. 11. d.
Le Grain, 1. f. 7. d. obole, pite.

Le Marc d'Or à dix - neuf Karats & demy , 371. livres 19. fols
  3. deniers.
L'Once 46. l. 9. f. 10. d. obole, pite.
Le Gros, 5. l. 16. f. 2. d. obole, pite
Le Denier, 1. l. 18. f. 8. d. obole, pite.
Les douze Grains, 19. f. 4. d. pite.
Les fix Grains, 9. f. 8. d.
Le Grain, 1. f. 7. d. pite.

Le Marc d'Or à dix-neuf Karats, 362. l. 8. f. 6. d.
L'Once, 45. l. 6. f. obole, pite.
Le Gros, 5. l. 13. f. 3. d.
Le Denier, 1. l. 17. f. 9. d.
Les douze Grains, 18. f. 10. d. obole.
Les fix Grains, 9. f. 5. d. pite.
Le Grain, 1. f. 6. d. obole, pite.

Le Marc d'Or à dix-huit Karats & demy, 352. l. 17. f. 9. d.
L'Once, 44. l. 2. f. 2. d. obole.
Le Gros, 5. l. 10. f. 3. d. pite.
Le Denier, 1. l. 16. f. 9. d.
Les douze Grains, 18. f. 4. d. obole.
Les fix Grains, 9. f. 2. d. pite.
Le Grain, 1. f. 6. d. pite.

Le Marc d'Or à dix-huit Karats, 343. l. 7. f.
L'Once, 42. l. 18. f. 4. d. obole.
Le Gros, 5. l. 7. f. 3. d. obole.
Le Denier, 1. l. 15. f. 9. d.
Les douze Grains, 17. f. 10. d. obole.
Les fix Grains, 8. f. 11. d. pite.
Le Grain, 1. f. 5. d. obole, pite.

Le Marc d'Or à dix-sept Karats & demy, 333. livres 16. sols
3. deniers.
L'Once 41. l. 14. s. 6. d. pite.
Le Gros, 5. l. 4. s. 3. d. obole, pite.
Le Denier, 1. l. 14. s. 9. d. pite.
Les douze Grains, 17. s. 4. d. obole.
Les six Grains, 8. s. 8. d. pite.
Le Grain, 1. s. 5. d. pite..

Le Marc d'Or à dix-sept Karats, 324. l. 5. s. 6. d.
L'Once, 40. l. 10. s. 8. d. pite.
Le Gros, 5. l. 1. s. 4. d.
Le Denier, 1. l. 13. s. 9. d. pite.
Les douze Grains, 16. s. 10. d. obole.
Les six Grains, 8. s. 5. d. pite.
Le Grain, 1. s. 4. d. obole, pite.

Le Marc d'Or à seize Karats & demy, 314. l. 14. s. 9. d.
L'Once, 39. l. 6. s. 10. d.
Le Gros, 4. l. 18. s. 4. d. pite.
Le Denier, 1. l. 12. s. 9. d. pite.
Les douze Grains, 16. s. 4. d. obole.
Les six Grains, 8. s. 2. d. pite.
Le Grain, 1. s. 4. d. pite.

Le Marc d'Or à seize Karats, 305. l. 4. s.
L'Once, 38. l. 3. s.
Le Gros, 4. l. 15. s. 4. d. obole.
Le Denier, 1. l. 11. s. 9. d. obole.
Les douze Grains, 15. s. 10. d. obole, pite.
Les six Grains, 7. s. 11. d. pite.
Le Grain, 1. s. 3. d. obole.

Le Marc d'Or à quinze Karats & demy , 295. livres, 13. fols
3. deniers.
L'Once, 36. l. 19. f. 1. d. obole, pite.
Le Gros, 4. l. 12. f. 4. d. obole, pite.
Le Denier, 1. l. 10. f. 9. d. obole.
Les douze Grains, 15. f. 4. d. obole, pite.
Les fix Grains, 7. f. 8. d. pite.
Le Grain, 1. f. 3. d. pite.

Le Marc d'Or à quinze Karats, 286. l. 2. f. 6. d.
L'Once, 35. l. 15. f. 3. d. obole , pite,
Le Gros, 4. l. 9. f. 4. d. obole, pite.
Le Denier, 1. l. 9. f. 9. d. obole, pite.
Les douze Grains, 14. f. 10. d. obole, pite.
Les fix Grains , 7. f. 5. d. pite.
Le Grain, 1. f. 2. d. obole, pite.

Le Marc d'Or à quatorze Karats & demy, 276. l. 11. f. 9. d.
L'Once 34. l. 11. f. 5. d. obole, pite.
Le Gros , 4. l. 6. f. 5. d.
Le Denier, 1. l. 8. f. 9. d. obole, pite.
Les douze Grains, 14. f. 4. d. obole , pite.
Les fix Grains, 7. f. 2. d. pite.
Le Grain, 1. f. 2. d. pite.

Le Marc d'Or à quatorze Karats, 267. l. 1. f.
L'Once 33. l. 7. f. 7. d. obole.
Le Gros, 4. l. 3. f. 5. d. pite.
Le Denier, 1. l. 7. f. 9. d. obole, pite.
Les douze Grains, 13. f. 10. d. obole, pite.
Les fix Grains , 6. f. 11. d. pite.
Le Grain, 1. f. 1. d. obole, pite.

Le Marc d'Or à treizé Karats & demy, 257. l. 10. f. 3. d.
L'Once, 32. l. 3. f. 9. d. pite.
Le Gros , 4. l. 5. d. obole.
Le Denier, 1. l. 6. f. 9. d. obole, pite.
Les douze Grains, 13. f. 4. d. obole , pite.
Les six Grains, 6. f. 8. d. pite.
Le Grain, 1. f. 1. d. pite.

Le Marc d'Or à treize Karats, 247. l. 19. f. 6. d.
L'Once, 30. l. 19. f. 11. d.
Le Gros, 3. l. 17. f. 5. d. obole pite.
Le Denier, 1. l. 5. f. 9. d. obole, pite.
Les douze Grains, 12. f. 10. d. obole, pite.
Les six Grains , 6. f. 5. d. obole.
Le Grain, 1. f. obole, pite.

Le Marc d'Or à douze Karats & demy, 238. l. 8. f. 9. d.
L'Once, 29. l. 16. f. 1. d.
Le Gros, 3. l. 14. f. 6. d.
Le Denier, 1. l. 4. f. 10. d.
Les douze Grains , 12. f. 5. d.
Les six Grains , 6. f. 2. d. obole.
Le Grain, 1. f.

Le Marc d'Or à douze Karats , 228. l. 18. f.
L'Once, 28. l. 12. f. 3. d.
Le Gros, 3. l. 11. f. 6. d. pite.
Le Denier, 1. l. 3. f. 10. d.
Les douze Grains, 11. f. 11. d.
Les six Grains, 5. f. 11. d. obole.
Le Grain, 11. d. obole , pite.

Les fractions des quart, huitiéme , seizième & trente-deuxièmes de Karats des Titres cy-dessus, & les autres Titres au dessous (s'il s'en trouve) seront payés à proportion.

ARGENT.

ESPECES D'ARGENT.

REAUX D'ESPAGNE.

LA Piece du poids de vingt-un deniers huit grains trebuchant, aura cours jusqu'au dernier jour du mois d'Avril prochain pour trois livres deux sols.

Le Marc des legers, sera payé 27. l. 3. f. 9. d.

L'Once, 3. l. 7. f. 11. d. obole.

Le Gros, 8. f. 5. d. obole, pite.

Le Denier, 2. f. 9. d. obole, pite.

Les douze Grains, 1. f. 4. d. obole, pite.

Les six Grains, 8. d. obole.

Le Grain, 1. d. pite.

ANCIENNES ESPECES DE FRANCE DECRIE'ES.

LYS D'ARGENT.

La Piece du poids de six deniers douze grains trebuchant, sera payée 18. f. 7. d. obole, pite.

Le Marc, 28. l. 12 f. 11. d.

L'Once, 3. l. 11. f. 7. d. pite.

Le Gros, 8. f. 11. d. pite.

Le Denier, 2. f. 11. d. obole, pite.

Les douze Grains, 1. f. 5. d. obole, pite.

Les six Grains, 8. d. obole, pite.

Le Grain, 1. d. obole

QUARTS D'ESCU.

La Piece du poids de sept deniers douze grains trebuchant, sera payée 1. l. 1. f. 2. d. obole pite.

Le Marc, 27. l. 3. f. 9. d.
L'Once, 3. l. 7. f. 11. d. obole.
Le Gros, 8. f. 5. d. obole, pite.
Le Denier, 2. f. 9. d. obole, pite.
Les douze Grains, 1. f. 4. d. obole, pite.
Les six Grains, 8. d. obole.
Le Grain, 1. d. pite.

TESTONS DE FRANCE.

La piece du poids de sept deniers dix grains trebuchant, sera
    payée 1. l. 0. 9. d.
Le Marc, 26. l. 17. f. 6. d.
L'Once, 3. l. 7. f. 2. d. pite.
Le Gros, 8. f. 4. d. obole, pite.
Le Denier, 2. f. 9. d. obole.
Les douze Grains, 1. f. 4. d. obole, pite.
Les six Grains, 8. d. pite.
Le Grain, 1. d. pite.

FRANCS.

La Piece du poids d'onze deniers un grain trebuchant, sera
    payée 1. l. 8. f. 4. d. obole.
Le Marc, 24. l. 13. f. 9. d.
L'Once, 3. l. 1. f. 8. d. obole.
Le Gros, 7. f. 8. d. obole.
Le Denier, 2. f. 6. d. obole, pite.
Les douze Grains, 1. f. 3. d. pite.
Les six Grains, 7. d. obole.
Le Grain, 1. d. obole.

ESPECES ÉTRANGERES.

PIECES DE BRUNZVICT.

La Piece du poids d'onze deniers seize grains trebuchant, sera
  payée 1. l. 15. s. 8. d.
Le Marc, 29. l. 7. s. 6. d.
L'Once, 3. l. 13. s. 5. d. pite.
Le Gros, 9. s. 2. d.
Le Denier 3. s. o. obole.
Les douze Grains, 1. s. 6. d. pite.
Les six Grains, 9. d.
Le Grain, 1. d. obole.

DUCATONS D'HOLLANDE
& de Cologne.
BAJOIRES DE FLANDRE.

La piece du poids d'une onze un denier douze grains trebuchant,
  sera payée 3. l. 13. s. 7. d.

CROISATS DE GENES.

Le Marc, desdites Especes, sera payé 27. l. 14. s. 2. d.
L'Once, 3. l. 9. s. 3. d. pite.
Le Gros, 8. s. 7. d. obole, pite.
Le Denier, 2. s. 10. d. obole.
Les douze Grains, 1. s. 5. d. pite.
Les six Grains, 8. d. obole.
Le Grain, 1. d. pite.

ESCUS D'ANGLETERRE.

La piece du poids de vingt-deux deniers douze grains trebuchant,
  sera payée 3. l. 3. s. 8. d. obole.

CHELINS.

La piece du poids de quatre deniers douze grains trebuchant,
 sera payée 12. f. 8. d. obole, pite.
Le Marc , 27. l. 3. f. 9. d.
L'Once , 3. l. 7. f. 11. d. obole.
Le Gros, 8. f. 5. d. obole , pite.
Le Denier, 2. f. 9. d. obole, pite.
Les douze Grains, 1. f. 4. d. obole, pite.
Les six Grains, 8. d. obole.
Le Grain, 1. d. pite.

ESCUS DE MONACO.

La Piece du poids de vingt - un deniers huit grains trebuchant,
 sera payée 2. l. 19. f. 8. d. obole.
Le Marc, 26. l. 17. f. 6. d.
L'Once, 3. l. 7. f. 2. d. pite.
Le Gros , 8. f. 4. d. obole , pite.
Le Denier, 2. f. 9. d. obole.
Les douze Grains, 1. f. 4. d. obole, pite.
Les six Grains, 8. d. pite.
Le Grain , 1. d. pite.

ESCUS OU DALLES D'EMPIRE.

La Piece du poids de vingt - deux deniers trebuchant , sera payée
 2 l. 19. f. 8. d.
Le Marc , 26. l. 10. d.
L'Once, 3. l. 5. f. 1. d. pite.
Le Gros, 8. f. 1. d. obole.
Le Denier, 2. f. 8. d. obole.
Les douze Grains, 1. f. 4. d. pite.
Les six Grains, 8. d.
Le Grain, 1. d. pite.

PATAGONS DE FLANDRE, ESCVS D'HOLLANDE *ET ESCVS DE COLOGNE.*

La Piece du poids de vingt-deux deniers, fera payée 2. l. 18. f. 5. d. obole, pite.

PIECES DE BRVNTZVICT.

La Piece du poids de douze deniers dix-huit grains, fera payée 1. l. 13. f. 10. d. obole.
Le Marc defdites Efpeces, fera payé 25. l. 10. f. 5. d.
L'Once, 3. l. 3. f. 9. d. obole.
Le Gros, 7. f. 11. d. obole.
Le Denier, 2. f. 7. d. obole, pite.
Les douze Grains, 1. f. 3. d. o. pite.
Les fix Grains, 7. d. o. pite.
Le Grain, 1. d. pite.

PIECES DV LIEGE.

La Piece du poids de treize deniers trebuchant, fera payée 1. l. 10. f. pite.

FLORINS D'ALLEMAGNE.

La Piece du poids de quinze deniers trebuchant, fera payée 1. l. 14. f. 7. d. obole.
Le Marc defdites Efpeces, 22. l. 3. f. 9. d.
L'Once 2. l. 15. f. 5. d.
Le Gros, 6. f. 11. d.
Le Denier, 2. f. 3. d. obole.
Les douze Grains, 1. f. 1. d. obole, pite.
Les fix Grains, 6. d. obole, pite.
Le Grain, 1. d.

E S C A L I N S.

La Piece du poids de quatre deniers trebuchant, fera paycé 6. f.
  9. d. pite.
Le Marc , 16. l. 5. f.
L'Once, 2. l. 7. d. obole.
Le Gros, 5. f. o. obole, pite.
Le Denier, 1. f. 8. d. pite.
Les douze Grains, 10. d.
Les fix Grains, 5. d.
Le Grain , obole , pite.

Les Demy , Quarts, & autres diminutions des Efpeces cy - deffus ,
feront payés à proportion du prix entier d'icelles.

VAISSELLE D'ARGENT.

Vaiffelles marquées du Poinçon de Paris.

Le Marc de la Vaiffelle platte , du Poinçon de Paris , fera payé
  29. livres 10. fols.
L'Once, 3. l. 13. f. 9. d.
Le Gros , 9 f. 2. d. obole.
Le Denier , 3. f. o. pite.
Les douze Grains, 1. f. 6. d.
Les fix Grains, 9. d.
Le Grain, 1. d. obole.

Le Marc de la Vaiffelle montée , dudit Poinçon , fera payé
  29. livres.
L'Once, 3. l. 12. f. 6. d.
Le Gros , 9. f. o. obole, pite.
Le Denier, 3. f. o. pite.

E

Les douze Grains, 1. f. 6. d.
Les fix Grains , 9. d.
Le Grain, 1. d. obole.

Vaiffelles non marquées du Poinçon de Paris.

Aprés qu'elles auront été fonduës dans les Hôtels des Monnoyes,
& que l'Effay en aura été fait , le prix du Marc d'icelles & fes
diminutions, fera payé fuivant leur Titre ; Sçavoir,
Le Marc raporté à onze deniers douze grains de fin, 29. l. 10. f.
L'Once, 3. l. 13. f. 9. d.
Le Gros , 9. f. 2. d. obole.
Le Denier, 3. f. obole, pite.
Les douze Grains , 1. f. 6. d. pite.
Les fix Grains , 9. d.
Le Grain, 1. d. obole.

Le Marc raporté à onze deniers onze grains & demy de fin ,
fera payé 29. l. 8. f. 11. d.
L'Once , 3. l. 13. f. 7. d. pite.
Le Gros , 9. f. 2 d. pite.
Le Denier, 3. f. obole, pite.
Les douze Grains, 1. f. 6. d.
Les fix Grains , 9. d.
Le Grain, 1. d. obole.

Le Marc raporté à onzé deniers onze grains, fera payé 29. l. 7. f.
10 . d. pite.
L'Once, 3. l. 13. f. 5. d. obole, pite.
Le Gros , 9. f. 2. d.
Le Denier, 3. f. obole.
Les douze Grains, 1. f. 6. d. pite.
Les fix Grains , 9. d.
Le Grain, 1. d. obole.

Le Marc à onze deniers dix grains , fera payé 29. livres 5. fols
    8. deniers obole.
L'Once, 3. l. 13. f. 2. d. obole.
Le Gros, 9. f. 1. d. obole , pite.
Le Denier, 3. f. obole.
Les douze Grains, 1. f. 6. d. pite.
Les fix Grains , 9. d.
Le Grain, 1. d. obole.

Le Marc à onze deniers neuf grains , fera payé 29. l. 3. f. 7. d.
L'Once, 3. l. 12. f. 11. d. pite.
Le Gros, 9. f. 1. d. pite.
Le Denier, 3. f. pite.
Les douze Grains , 1. f. 6. d. pite.
Les fix Grains , 9. d.
Le Grain, 1. d. obole.

Le Marc à onze deniers huit grains, fera payé 29. l. 1. f. 5. d. pite.
L'Once, 3. l. 12. f. 8. d.
Le Gros, 9. f. 1. d.
Le Denier, 3. f.
Les douze Grains, 1. f. 6. d.
Les fix Grains, 9. d.
Le Grain, 1. d. obole.

Le Marc à onze deniers fept grains , ferà payé 28. livres 19. fols
    3. d. obole, pite.
L'Once, 3. l. 12. f. 4. d. o. pite.
Le Gros , 9. f. obole.
Le Denier, 3. f. pite.
Les douze Grains , 1. f. 6. d.
Les fix Grains, 9. d.
Le Grain, 1. d. obole.

Le Marc à onze deniers six grains , sera payé 28. livres 17. sols
  2. deniers.
L'Once, 3. l. 12. f. 1. d. obole pite,
Le Gros, 9. f.
Le Denier, 3. f.
Les douze Grains, 1. f. 6. d.
Les six Grains, 9. d.
Le Grain, 1. d. obole.

Le Marc à onze deniers cinq grains, sera payé 28. l. 15. f. pite.
L'Once 3. l. 11. f. 10. d. obole.
Le Gros , 8. f. 11. d. obole , pite.
Le Denier, 2. f. 11. d. obole , pite.
Les douze Grains, 1. f. 5. d. obole , pite.
Les six Grains, 8. d. obole, pite.
Le Grain, 1. d. pite.

Le Marc à onze deniers 4. grains, sera payé 28. l. 12. f. 10. d. obole, pite.
L'Once 3. l. 11. f. 7. d. pite.
Le Gros, 8. f. 11. d. pite.
Le Denier, 2. f. 11. d. obole, pite.
Les douze Grains, 1. f. 5. d. obole, pite.
Les six Grains , 8. d. obole, pite.
Le Grain, 1. d. pite.

Le Marc à onze deniers trois grains , sera payé 28. livres 10. sols
  9. deniers.
L'Once 3. l. 11. f. 4. d. obole.
Le Gros, 8. f. 11. d.
Le Denier, 2. f. 11. d. obole.
Les douze Grains, 1. f. 5. d. obole , pite.
Les six Grains, 8. d. obole.
Le Grain, 1. d. pite.

Le Marc à onze deniers deux grains, fera payé 28. l. 8. f. 7. d. obole.
L'Once, 3. l. 11. f. obole, pite.
Le Gros, 8. f. 10. d. obole.
Le Denier, 2. f. 11. d. obole.
Les douze Grains, 1. f. 5. d. obole, pite.
Les six Grains, 8. d. obole.
Le Grain, 1. d. pite.

Le Marc à onze deniers un grain, fera payé 28. l. 6. f. 5. d. obole, pite.
L'Once, 3. l. 10. f. 9. d. obole, pite.
Le Gros, 8. f. 10. d.
Le Denier, 2. f. 11. d. pite.
Les douze Grains, 1. f. 5. d. obole.
Les six Grains, 8. d. obole.
Le Grain, 1. d. pite.

Le Marc à onze deniers, fera payé 28. l. 4. f. 4. d.
L'Once, 3. l. 10. f. 6. d. obole.
Le Gros, 8. f. 9. d. obole, pite.
Le Denier, 2. f. 11. d. pite.
Les douze Grains, 1. f. 5. d. obole.
Les six Grains, 8. d. obole.
Le Grain, 1. d. pite.

Les fractions des demy & quarts, de grain de fin, feront payés à proportion.

JETTONS DE FRANCE.

Le Marc, en fera payé 28. l. 10. f. 10. d.
L'Once, 3. l. 1. f. 4. d. pite.
Le Gros, 8. f. 11. d.
Le Denier, 2. f. 11. d. obole.

F

Les douze grains, 1. f. 5 d. obole, pite.
Les fix grains, 8. d. obole, pite.
Le grain, 1. d. obole.

BARRES, LINGOTS
& autres Matieres d'Argent.

Le Marc d'Argent fin à douze deniers, fera payé 30. livres.
L'Once, 3. l. 15. f.
Le Gros, 9. f. 4. d. obole.
Le Denier, 3. f. 1. d. obole.
Les douze grains 1. f. 6. d. obole, pite.
Les fix grains, 9. d. pite.
Le grain, 1. d. obole.

Le Marc d'Argent à onze deniers vingt grains, fera payé 29. l.
11. f. 8. d.
L'Once, 3. l. 13. f. 11. d. obole.
Le Gros, 9. f. 2. d. obole, pite.
Le Denier, 3. f. obole, pite.
Les douze grains, 1. f. 6. d. pite.
Les fix grains, 9. d. pite.
Le grain, 1. d. obole.

Le Marc d'Argent à onze deniers dix-neuf grains, fera payé
29. l. 9. f. 7. d.
L'Once, 3. l. 13. f. 8. d. pite.
Le Gros, 9. f. 2. d. pite.
Le Denier, 3. f. obole, pite.
Les douze grains, 1. f. 6. d. pite.
Les fix grains, 9. d.
Le grain, 1. d. obole.

Le Marc d'Argent à onze deniers dix-huit grains, fera payé
29. l. 7. f. 6. d.
L'Once, 3. l. 13. f. 5. d. pite.
Le Gros, 9. f. 2. d.
Le Denier, 3. f. obole.
Les douze Grains, 1. f. 6. d. pite.
Les fix Grains, 9. d.
Le Grain, 1. d. obole.

Le Marc d'Argent à onze deniers dix-fept grains, fera payé
29. l. 5. f. 5. d.
L'Once 3. l. 13. f. 2. d.
Le Gros, 9. f. 1. d. obole, pite.
Le Denier, 3. f. obole.
Les douze Grains, 1. f. 6. d. pite.
Les fix Grains, 9. d.
Le Grain, 1. d. obole.

Le Marc d'Argent à onze deniers feize grains, fera payé 29. l. 3. f. 4. d.
L'Once, 3. l. 12. f. 11. d.
Le Gros, 9. f. 1. d. pite.
Le Denier, 3. f. pite.
Les douze Grains, 1. f. 6. d.
Les fix Grains, 9. d.
Le Grain, 1. d. obole.

Le Marc d'Argent à onze den. quinze grains, fera payé 29. l. 1. f. 3. d.
L'Once, 3. l. 12. f. 7. d. obole, pite.
Le Gros, 9. f. obole, pite.
Le Denier, 3. f. pite.
Les douze Grains, 1. f. 6. d.
Les fix Grains, 9. d.
Le Grain, 1. d. obole.

Le Marc d'Argent, à onze deniers quatorze grains, fera payé 28. l. 19. f. 2. d.
L'Once, 3. l. 12. f. 4. d. obole, pite.
Le Gros, 9. f. obole.
Le Denier, 3. f.
Les douze Grains, 1. f. 6. d.
Les fix Grains, 9. d.
Le Grain, 1. d. obole.

Le Marc d'Argent à onze deniers treize grains, fera payé 28. l. 17. f. 1. d.
L'Once, 3. l. 12. f. 1. d. obole.
Le Gros, 9. f.
Le Denier, 3. f.
Les douze Grains, 1. f. 6. d.
Les fix Grains, 9. d.
Le Grain, 1. d. obole.

Le Marc à onze deniers douze grains, fera payé 28. l. 15. f.
L'Once, 3. l. 11. f. 10. d. obole.
Le Gros, 8. f. 11. d. obole, pite.
Le Denier, 2. f. 11. d. o. pite.
Les douze Grains, 1. f. 5. d. o. pite.
Les fix Grains, 8. d. pite.
Le Grain, 1. d. pite.

Le Marc à onze deniers onze grains, fera payé 28. l. 12. f. 11. d.
L'Once, 3. l. 11. f. 7. d. pite.
Le Gros, 8. f. 11. d. pite.
Le Denier, 2. f. 11. d. obole, pite.
Les douze Grains, 1. f. 5. d. o. pite.
Les fix Grains, 8. d. o. pite.
Le Grain, 1. d. pite.

Le Marc, à onze deniers dix grains, fera payé 28. livres 10. fols
  10. deniers.
L'Once, 3. l. 11. f. 4. d. pite.
Le Gros, 8. f. 11. d.
Le Denier 2. f. 11. d. obole.
Les douze Grains, 1. f. 5. d. obole, pite.
Les fix Grains, 8. d. obole, pite.
Le Grain, 1. d. pite.

Le Marc, à onze deniers neuf grains, fera payé 28. livres 8. fols
  9. deniers.
L'Once, 3. l. 11. f. 1. d.
Le Gros, 8. f. 10. d. obole.
Le Denier, 2. f. 11. d. obole.
Les douze Grains, 1. f. 5. d. obole, pite.
Les fix Grains, 8. d. obole, pite.
Le Grain, 1. d. pite.

Le Marc à onze deniers huit grains, fera payé 28. l. 6. f. 8. d.
L'Once, 3. l. 10. f. 10. d.
Le Gros, 8. f. 10. d. pite.
Le Denier, 2. f. 11. d. pite.
Les douze Grains, 1. f. 5. d. obole.
Les fix Grains, 8. d. obole, pite.
Le Grain, 1. d. pite.

Le Marc à onze deniers fept grains, fera payé 28. l. 4. f. 7. d.
L'Once, 3. l. 10. f. 8. d. obole, pite.
Le Gros, 8. f. 10. d.
Le Denier, 2. f. 11. d. pite.
Les douze Grains, 1. f. 5. d. obole, pite.
Les fix Grains, 8. d. obole, pite.
Le Grain, 1. d. pite.

G

Le Marc d'Argent à onze deniers fix grains , fera payé 28. liv.
2. fols 6. deniers
L'Once, 3. l. 10. f. 3. d. obole, pite.
Le Gros, 8. f. 9. d. pite.
Le Denier, 2. f. 11. d.
Les douze Grains , 1. f. 5. d. obole.
Les fix Grains , 8. d. obole, pite.
Le Grain, 1. d. pite.

Le Marc à onze deniers cinq grains , fera payé 28. l. 0. 5. d.
L'Once 3. l. 10. f. obole.
Le Gros , 8. f. 9. d.
Le Denier , 2. f. 11. d.
Les douze Grains, 1. f. 5. d. obole.
Les fix Grains, 8. d. obole, pite.
Le Grain , 1. d. pite.

Le Marc à onze deniers quatre grains , fera payé 27. l. 18. f. 4. d.
L'Once 3. l. 9. f. 9. d. obole.
Le Gros, 8. f. 8. d. obole.
Le Denier, 2. f. 10. d. obole, pite.
Les douze Grains, 1. f. 5. d. pite.
Les fix Grains , 8. d. obole,
Le Grain, 1. d. pite.

Le Marc à onze deniers trois grains , fera payé 27. livres 16. fols
3. deniers.
L'Once 3. l. 9. f. 6. d. pite.
Le Gros, 8. f. 8. d. pite.
Le Denier, 2. f. 10. d. obole, pite.
Les douze Grains, 1. f. 5. d. pite.
Les fix Grains, 8. d. obole.
Le Grain, 1. d. pite.

Le Marc à onze deniers deux grains , fera payé 27. livres 14. fols
   2. deniers.
L'Once, 3. l. 9. f. 3. d. pite.
Le Gros, 8. f. 7. d. obole , pite.
Le Denier, 2. f. 10. d. obole, pite.
Les douze Grains, 1. f. 5. d. pite.
Les fix Grains , 8. d. obole.
Le Grain, 1. d. pite.

Le Marc à onze deniers un grain , fera payé 27. l. 12. f. 1. d.
L'Once, 3. l. 9. f.
Le Gros, 8. f. 7. d. obole.
Le Denier, 2. f. 10. d. obole.
Les douze grains , 1. f. 5. d. pite.
Les fix grains , 8. d. obole.
Le grain , 1. d. pite.

Le Marc à onze deniers, fera payé 27. l. 10. f.
L'Once, 3. l. 8. f. 9. d.
Le Gros, 8. f. 7. d.
Le Denier, 2. f. 10. d. pite.
Les douze Grains, 1. f. 5. d.
Les fix Grains, 8. d. obole.
Le Grain 1. d. pite.

Le Marc à dix deniers vingt - deux grains , fera payé 27. livres
   5. fols 10. deniers.
L'Once, 3. l. 8. f. 2. d. obole.
Le Gros , 8. f. 6. d. pite.
Le Denier , 2. f. 10.
Les douze Grains, 1. f. 5. d.
Les fix Grains, 8. d. obole.
Le Grain, 1. d. pite.

Le Marc à dix deniers vingt grains , fera payé 27. livres 1. fols
8. deniers.
L'Once, 3. l. 7. f. 8. d. obole.
Le Gros , 8. f. 5. d. obole.
Le Denier, 2. f. 9. d. obole, pite.
Les douze Grains, 1. f. 4. d. obole , pite.
Les fix Grains , 8. d. pite.
Le Grain, 1. d. pite.

Le Marc à dix deniers dix-huit grains, fera payé 26. l. 17. f. 6. d.
L'Once, 3. l. 7. f. 2. d. pite.
Le Gros , 8. f. 4. d. obole, pite.
Le Denier, 2. f. 9. d. obole.
Les douze Grains , 1. f. 4. d. obole, pite.
Les fix Grains, 8. d. pite.
Le Grain, 1. d. pite.

Le Marc á dix deniers feize grains, fera payé 26. l. 13. f. 4. d.
L'Once , 3. l. 6. f. 8. d.
Le Gros , 8. f. 4. d.
Le Denier, 2. f. 9. d.
Les douze Grains, 1. f. 4. d. obole.
Les fix Grains, 8. d. pite.
Le Grain, 1. d. pite.

Le Marc à dix deniers quatorze grains , fera payé 26. livres
9. fols 2. deniers.
L'Once, 3. l. 6. f. 1. d. obole, pite.
Le Gros , 8. f. 3. d.
Le Denier, 2. f. 9. d.
Les douze Grains, 1. f. 4. d. obole.
Les fix Grains, 8. d. pite.
Le Grain, 1. d. pite.

Le Marc à dix deniers douze grains , fera payé 26. l. 5. f.
L'Once , 3. l. 5. f. 7. d. obole.
Le Gros , 8. f. 2. d. pite.
Le Denier, 2. f. 8. d. obole , pite.
Les douze Grains, 1. f. 4. d. pite.
Les fix Grains, 8. d.
Le Grain , 1. d. pite.

Le Marc à dix deniers dix grains , fera payé 26. l. o. 10. d.
L'Once, 3. l. 5. f. 2. d. pite.
Le Gros, 8. f. 1. d. obole , pite.
Le Denier, 2. f. 8. d. obole.
Les douze Grains, 1. f. 4. d. pite.
Les fix Grains, 8. d.
Le Grain, 1. d. pite.

Le Marc à dix deniers huit grains , fera payé 25. livres 16. fols
     8. deniers.
L'Once, 3. l. 4. f. 7. d.
Le Gros , 8. f. obole , pite.
Le Denier , 2. f. 8. d.
Les douze Grains, 1. f. 4. d.
Les fix Grains, 8. d.
Le Grain, 1. d. pite.

Le Marc à dix deniers fix grains , fera payé 25. livres 12. fols
     6. deniers.
L'Once , 3. l. 4. f. obole, pite.
Le Gros, 8. f.
Le Denier, 2. f. 8. d.
Les douze Grains, 1. f. 4. d.
Les fix Grains, 8. d.
Le Grain , 1. d. pite.

Le Marc à dix deniers quatre grains , sera payé 25. livres 8. sols
   4. deniers.
L'Once , 3. l. 3. f. 6. d. obole.
Le Gros, 7. f. 11. d. pite.
Le Denier, 2. f. 7. d. obole, pite.
Les douze Grains , 1. f. 3. d. obole.
Les six Grains, 7. d. obole, pite.
Le Grain, 1. d. pite.

Le Marc à dix deniers deux grains , sera payé 25. livres 4. sols
   2. deniers.
L'Once, 3. l. 3. f. pite.
Le Gros, 7. f. 10. d. obole.
Le Denier , 2. f. 7. d. obole.
Les douze Grains, 1. f. 3. d. obole, pite.
Les six Grains, 7. d. obole, pite.
Le Grain, 1. d. pite.

Le Marc à dix deniers , sera payé 25. livres.
L'Once, 3. l. 2. f. 6. d.
Le Gros, 7. f. 9. d. obole , pite.
Le Denier, 2. f. 7. d. pite.
Les douze Grains, 1. f. 3. d. obole.
Les six Grains, 7. d. obole, pite.
Le Grain, 1. d. pite.

Le Marc à neuf deniers douze grains, sera payé 23. l. 15. f.
L'Once, 2. l. 19. f. 4. d. obole.
Le Gros, 7. f. 5. d.
Le Denier, 2. f. 5. d. obole
Les douze Grains, 1. f. 2. d. obole, pite.
Les six Grains, 7. d. pite.
Le Grain, 1. d. pite.

Le Marc à neuf deniers, fera payé 22. livres 10. fols
L'Once, 2. l. 16. f. 3. d.
Le Gros, 7. f. pite.
Le Denier, 2. f. 4. d.
Les douze Grains 1. f. 2. d.
Les fix Grains, 7. d.
Le Grain, 1. d. pite.

Le Marc à huit deniers douze grains, fera payé 21. livres
   5. fols.
L'Once, 2. l. 13. f. 1. d. obole.
Le Gros, 6. f. 7. d. obole.
Le Denier, 2. f. 2. d. obole.
Les douze Grains, 1. f. 1. d. pite.
Les fix Grains, 6. d. obole.
Le Grain, 1. d.

Le Marc à huit deniers, fera payé 20. l.
L'Once, 2. l. 10. f.
Le Gros, 6. f. 3. d.
Le Denier, 2. f. 1. d.
Les douze Grains, 1. f. obole.
Les fix Grains, 6. d. pite.
Le Grain, 1. d.

Le Marc à fept deniers douze grains, fera payé 18. livres
   15. fols.
L'Once, 2. l. 6. f. 10. d. obole.
Le Gros, 5. f. 10. d. pite.
Le Denier, 1. f. 11. d. pite.
Les douze Grains, 11. d. obole.
Les fix Grains, 5. d. obole, pite.
Le Grain, obole. pite.

Le Marc à sept deniers , sera payé 17. l. 10. s.
L'Once 2. l. 3. s. 9. d.
Le Gros , 5. s. 5. d. obole.
Le Denier, 1. s. 9. d. obole, pite.
Les douze Grains, 10. d. obole, pite.
Les six Grains, 5. d. pite.
Le Grain, obole, pite.

Le Marc à six deniers douze grains, sera payé 16. l. 5. s.
L'Once, 2. l. 0. 7. d. obole.
Le Gros , 5. s. obole, pite.
Le Denier, 1. s. 8. d. pite.
Les douze Grains , 10 d.
Les six Grains , 5. d.
Le Grain, obole , pite.

Le Marc à six deniers , sera payé 15. livres.
L'Once, 1. l. 17. s. 6. d.
Le Gros , 4. s. 8. d. pite.
Le Denier, 1. s. 6. d. obole , pite.
Les douze Grains , 9. d. pite.
Les six Grains, 4. d. obole.
Le Grain, obole, pite.

*Les fractions des Demy & Quarts de grain de fin , & les Titres
au dessous de ceux cy - dessus , s'il s'en trouve , seront payés à
proportion.*

FAIT & arrêté en la Cour des Monnoyes, les
Semestres assemblés , le douziéme jour de Janvier
mil six cens quatre-vingts-dix.

TARIF

DES ESPECES D'OR ET D'ARGENT, dont le cours & le prix font reglés par la Déclaration du dixiéme Decembre dernier ; Par l'Edit du même mois : Et la Déclaration du troifiéme de Janvier de la prefente année 1690. Regiftrés en la Cour des Monnoyes les quinze & vingt dudit mois de Decembre, & feptiéme du prefent mois de Janvier.

ESPECES D'OR.

LOUIS D'OR DE NOUVELLE FABRICATION.

Le Demy, vaut fix livres cinq fols.
Le Loüis, vaut douze livres dix fols.

Les

	l.	f.									
2	25	l.	18	225		34	425		50	625	
3	37	10 f.	19	237	10	35	437	10	55	687	10
4	50		20	250		36	450		60	750	
5	62	10	21	262	10	37	462	10	70	875	
6	75		22	275		38	475		80	1000	
7	87	10	23	287	10	39	487	10	90	1125	
8	100		24	300		40	500		100	1250	
9	112	10	25	312	10	41	512	10	200	2500	
10	125		26	325		42	525		300	3750	
11	137	10	27	337	10	43	537	10	400	5000	
12	150		28	350		44	550		500	6250	
13	162	10	29	362	10	45	562	10	600	7500	
14	175		30	375		46	575		700	8750	
15	187	10	31	387	10	47	587	10	1000	12500	
16	200		32	400		48	600		5000	62500	
17	212	10	33	412	10	49	612	10	10000	125000	

I

AUTRES ESPECES D'OR,

Dont le cours est permis jusqu'au dernier Avril prochain.

LOUIS D'OR D'ANCIENNE FABRICATION.

Le Loüis, vaut onze livres douze sols. Le Demy à proportion.

Les

	l.	s.									
2	23	4	20	232		38	440	16	100	1160	
3	34	16	21	243	12	39	452	8	150	1740	
4	46	8	22	255	4	40	464		200	2320	
5	58		23	266	16	41	475	12	250	2900	
6	69	12	24	278	8	42	487	4	300	3480	
7	81	4	25	290		43	498	16	350	4060	
8	92	16	26	301	12	44	510	8	400	4640	
9	104	8	27	313	4	45	522		450	5220	
10	116		28	324	16	46	533	12	500	5800	
11	127	12	29	336	8	47	545	4	550	6380	
12	139	4	30	348		48	556	16	600	6960	
13	150	16	31	359	12	49	568	8	650	7540	
14	162	8	32	371	4	50	580		700	8120	
15	174		33	382	16	55	638		800	9280	
16	185	12	34	394	8	60	696		900	10440	
17	197	4	35	406		70	812		1000	11600	
18	208	16	36	417	12	80	928		5000	58000	
19	220	8	37	429	4	90	1044		10000	116000	

L'ESCU D'OR,

du poids de 2. deniers 15. grains trebuchant, vaut 6. liv.

Les

	l.									
2	12	12	72	22	132	32	192	50	300
3	18	13	78	23	138	33	198	60	360
4	24	14	84	24	144	34	204	70	420
5	30	15	90	25	150	35	210	80	480
6	36	16	96	26	156	36	216	90	540
7	42	17	102	27	162	37	222	100	600
8	48	18	108	28	168	38	228	500	3000
9	54	19	114	29	174	39	234	1000	6000
10	60	20	120	30	180	40	240		
11	66	21	126	31	186	45	270		

Le Demy, vaut trois livres. Et les legers seront portés aux Bureaux des Changes, & payés au Marc, suivant les évaluations cy-devant.

LA PISTOLE D'ESPAGNE,

Du poids de cinq deniers six grains trebuchant, vaut onze livres douze sols.
La Demy Pistole, du poids de 2. den. 15. grains trebuchant, cinq liv. seize sols.
La numeration, le compte & la valeur, est comme celle des Loüis d'Or d'ancienne fabrication. *Et les legeres seront portées aux Bureaux des Changes, & payees au Marc, suivant les évaluations cy-devant.*

ESPECES D'ARGENT.

Le Loüis d'Argent ou Ecu de nouvelle fabrication, vaut trois livres six sols.

Les

	l.	s.		l.	s.		l.	s.		l.	s.
2	6	12	30	99		58	191	8	86	283	16
3	9	18	31	102	6	59	194	14	87	287	2
4	13	4	32	105	12	60	198		88	290	8
5	16	10	33	108	18	61	201	6	89	293	14
6	19	16	34	112	4	62	204	12	90	297	
7	23	2	35	115	10	63	207	18	91	300	6
8	26	8	36	118	16	64	211	4	92	303	12
9	29	14	37	122	2	65	214	10	93	306	18
10	33		38	125	8	66	217	16	94	310	4
11	36	6	39	128	14	67	221	2	95	313	10
12	39	12	40	132		68	224	8	96	316	16
13	42	18	41	135	6	69	227	14	97	320	2
14	46	4	42	138	12	70	231		98	323	8
15	49	10	43	141	18	71	234	6	99	326	14
16	52	16	44	145	4	72	237	12	100	330	
17	56	2	45	148	10	73	240	18	150	495	
18	59	8	46	151	16	74	244	4	200	660	
19	62	14	47	155	2	75	247	10	300	990	
20	66		48	158	8	76	250	16	400	1320	
21	69	6	49	161	14	77	254	2	500	1650	
22	72	12	50	165		78	257	8	1000	3300	
23	75	18	51	168	6	79	260	14	2000	6600	
24	79	4	52	171	12	80	264		3000	9900	
25	82	10	53	174	18	81	267	6	4000	13200	
26	85	16	54	178	4	82	270	12	5000	16500	
27	89	2	55	181	10	83	273	18	6000	19800	
28	92	8	56	184	16	84	277	4	7000	23100	
29	95	14	57	188	2	85	280	10	10000	33000	

Le Demy, une livre treize sols. Le Quart, seize sols six deniers.
L'ancienne Piece de cinq sols, a cours pour cinq sols six deniers.

AUTRES ESPECES D'ARGENT

Dont le cours est permis jusqu'au dernier Avril prochain.

Le Loüis d'Argent ou Ecu d'ancienne fabrication, vaut trois livres deux sols

Les 6

N	l.	s.	N	l.	s.	N	l.	s.	N	l.	s.
2	6 l.	4 s.	21	65	2	40	124		59	182	
3	9	6	22	68	4	41	127	2	60	186	
4	12	8	23	71	6	42	130	4	70	217	
5	15	10	24	74	8	43	133	6	80	248	
6	18	12	25	77	10	44	136	8	90	279	
7	21	14	26	80	12	45	139	10	100	310	
8	24	16	27	83	14	46	142	12	150	465	
9	27	18	28	86	16	47	145	14	200	620	
10	31		29	89	18	48	148	16	250	775	
11	34	2	30	93		49	151	18	300	930	
12	37	4	31	96	2	50	155		350	1085	
13	40	6	32	99	4	51	158	2	400	1240	
14	43	8	33	102	6	52	161	4	450	1395	
15	46	10	34	105	8	53	164	6	500	1550	
16	49	12	35	108	10	54	167	8	550	1705	
17	52	14	36	111	12	55	170	10	600	1860	
18	55	16	37	114	14	56	173	12	650	2015	
19	58	18	38	117	16	57	176	14	1000	3100	
20	62		39	120	18	58	179	16	10000	31000	

REAUX D'ESPAGNE.

La Piece du poids de 21. deniers 8. grains trebuchant, vaut trois liv. deux sols

Les 2
3
4
} Comme les Ecus d'ancienne fabrication.

Les legers seront portés aux Bureaux des Changes, & payés au Marc, suivant l'évaluation cy-devant.

www.ingramcontent.com/pod-product-compliance
Lightning Source LLC
LaVergne TN
LVHW021158200726
843510LV00001B/437